Aguacate

Libro de cocina

A Kh'an

Esta es la traducción del libro de cocina 'Avocado CookBook'
Primera publicación el 18 de diciembre de 2017

Tabla de contener

Introducción

Este libro de cocina contiene 40 recetas saludables y deliciosas de aguacate. Las recetas van más allá del aguacate, tostadas de aguacate y ensalada de aguacate. Hay dos recetas mejoradas de aguacate tostado y guacamole <wink>. Las recetas están inspiradas en la herencia y la cocina internacional.

El aguacate es considerado un "súper alimento" por muchos nutricionistas y expertos en medicina por sus propiedades nutricionales.

Los aguacates no solo son deliciosos, son bajos en azúcar y contienen fibra, lo que tiene muchos beneficios para la salud.

Los aguacates ofrecen alrededor de 20 vitaminas y minerales en cada porción, incluidos los aguacates, que son una buena fuente de vitaminas B, que lo ayudan a combatir las enfermedades y las infecciones. También le brindan vitaminas C y E, además de productos químicos vegetales naturales que pueden ayudar a prevenir el cáncer. Además, potasio, luteína y ácido fólico, que es crucial para la reparación de las células y durante el embarazo.

Si se consume con moderación, el aguacate proporciona grasas monoinsaturadas, que es una "buena" grasa que ayuda a reducir el colesterol malo. La grasa que contiene el aguacate en realidad es saludable para el corazón y se ha demostrado que ayuda a reducir el colesterol LDL (malo).

Hay cientos, si no millones de formas de comer este súper alimento, el plato más popular es el guacamole y la tostada de aguacate. Las recetas en este libro han sido desarrolladas para proporcionar platos saludables y deliciosos para los amantes del aguacate y no para los amantes del aguacate.

"Aguacate: Aunque a menudo se encuentra en la categoría de verduras, botánicamente los aguacates son frutas. Están llenos de grasas monoinsaturadas saludables vinculadas a la reducción de la inflamación y una mejor salud del corazón, y son ricas en vitaminas C y K, folato, potasio y fibra ".
(Fuente: orlandosentinel.com com 11 de diciembre de 2017).

Cómo preparar el aguacate

Direcciones

Pasos

1 Lave el aguacate con agua y bicarbonato de sodio antes de cortar para que la suciedad y las bacterias no se transfieran del cuchillo a la pulpa.

2 Corta el aguacate por la mitad, retira con cuidado el hueso y coloca la carne en un recipiente.

Recetas

Aguacate Creamy Fettuccine Alfredo

Ingredientes

1 libra de fettuccine, seca

2 tazas de carne de aguacate maduro (picado, 2 o 3 aguacates pequeños)

1 taza de crema

½ taza de leche

1 1/2 tazas de queso parmesano rallado

2 cucharadas de mantequilla

Pimienta blanca, al gusto

Perejil para servir o albahaca (opcional)

Direcciones

Pasos

1 Cocine la pasta al al dente en una olla grande de agua con sal, luego drene, coloque un lado, manténgase caliente.

2 Mientras tanto, en una licuadora, combine aguacate, leche. Mezcle hasta que esté suave, en dos tandas si es necesario. Pasar por un tamiz

3 Ponga la crema a ebullición en una sartén u olla de lados altos. Convierta la ciudad a fuego lento.

La receta de A. Kh'an en este libro 'Avocado Cook Book' está protegida por derechos de autor. Si quieres compartir esta receta en internet o en cualquier medio. Por favor, vuelva a escribir la receta y mencione este libro como fuente original.

4 Agregue la mezcla de aguacate y la pasta a la crema reducida. Mezcle los ingredientes.

5 Agregue queso, mantequilla y pimienta blanca al gusto. Mezcle hasta que todo esté bien combinado. Sirve con perejil o albahaca. Sirve caliente con pan crujiente.

Sirve de 4 a 6

Falafel de aguacate

Ingredientes

3 aguacates maduros grandes

4 tazas, puede habas o garbanzos con jugo

1 1/2 cucharada de harina para todo uso o según sea necesario

1/4 de cucharadita de ajo en polvo o al gusto

1 cebolla pequeña, rallada y jugo drenado

1 cucharadita de comino en polvo

1 cucharadita de semillas de cilantro molido

1/4 cucharadita de pimienta de cayena en polvo

1/4 cucharadita de polvo de cúrcuma

1/4 cucharadita de jugo de lima

Sal al gusto

1/4 cucharadita de pimienta negra recién molida

1/4 taza de perejil fresco, picado

1/2 taza de cilantro, picado

Aceite de cocina para freír

Direcciones:

Pasos

1 Coloque las habas en una cacerola, deje hervir y cocine durante 10 minutos.

2 Escurra y enjuague bien los frijoles. Viértelos en el procesador de alimentos junto con la cebolla picada, los dientes de ajo, el perejil, la harina, la sal, el comino, el cilantro molido, la pimienta negra, la pimienta de cayena y el polvo de cúrcuma. Pulse todos los ingredientes juntos hasta que se forme una harina áspera y áspera.

3 Retire la masa de falafel en un tazón, agregue aguacate, trabaje suavemente el aguacate en la masa con un tenedor. Agregue lentamente la harina para todo uso hasta que la mezcla no esté pegajosa, pero se mantendrá unida; agregue más o menos harina, según sea necesario.

4 Cubra el recipiente con una envoltura de plástico y refrigere durante 1-2 horas.

5 Llene un horno holandés o wok profundo con aceite de cocina - 1 ½ pulgadas a fuego medio.

6 Mientras tanto, haz una bola redonda con 2 cucharadas de habas y una mezcla de aguacate, aparta.

7 Cuando el aceite esté a la temperatura correcta, freír los falafels en lotes por vez hasta dorarlos por ambos lados. Sirve con salsa favorita o en pan Pita con ingredientes variados.

Nota: Los frijoles fava y el aguacate pueden machacarse en un tazón sin usar un procesador de alimentos para obtener una textura rústica.

Camarones de aguacate Scampi

Ingredientes:

1 lb de camarón, pelado, desvenadrado y sin cola

1 aguacate maduro pequeño

1/2 taza de mantequilla sin sal (1 barra)

4 dientes de ajo, en rodajas o finamente picado al gusto

Sal al gusto

Pimienta blanca o negra al gusto

1/4 taza de jugo de limón, más 1 cucharada de puré de aguacate

1 cucharadita de ralladura de limón, opcional

1 cucharada de perejil fresco picado o cilantro

1 paquete de cabello de ángel (8 onzas)

1/2 cucharadita de aceite de cocina

Direcciones:

Pasos

1 Cocine la pasta según las instrucciones del paquete, drene y reserve.

2 En un tazón, machaque el aguacate con jugo de limón hasta que quede suave. Dejar de lado

3 Mientras tanto, en una sartén grande, agregue la mantequilla y el aceite de cocina y caliente a fuego lento para que se derrita. Agregue el ajo, cocínelo, revolviendo constantemente, durante 1 a 2 minutos.

4 Agregue los camarones a la sartén, sazone con sal y pimienta, y cocínelos durante aproximadamente 2 a 3 minutos, o hasta que estén rosados y cocidos. Voltee los camarones a la mitad de la cocción. Retire los camarones a un plato y manténgalos calientes.

La receta de A. Kh'an en este libro 'Avocado Cook Book' está protegida por derechos de autor. Si quieres compartir esta receta en internet o en cualquier medio. Por favor, vuelva a escribir la receta y mencione este libro como fuente original.

5 Agregue el jugo de limón, la ralladura de limón al bollo, y mezcle en aguacate para mezclar y formar una salsa.

6 Baje el fuego a fuego lento, agregue el camarón, luego la pasta a la sartén y revuelva para combinar y cubrir. Sazone con especias si lo desea. El plato es mejor caliente y fresco, pero se mantendrá hermético en la nevera durante un máximo de 3 días. Recalentar suavemente antes de servir.

Carne de vaca de aguacate albóndiga en salsa Marinara sobre pasta

Ingredientes

1 aguacate maduro grande o 2 mediano, triturado

1 libra de carne molida magra

1 huevo

4 cucharadas de queso parmesano rallado, más 2 cucharadas de guarnición

2 cucharadas de aceite de oliva, dividido

1 cebolla picada

1 diente de ajo, picado

1 (15 onzas) de tomates cortados en cubitos

1 cucharadita de mezcla de especias italiana seca o una selección de mezcla de especias

½ taza de jugo de tomate o caldo de verduras o agua

6 tomates cherry, cortados en la mitad

sal y pimienta para probar

4 cucharadas de queso parmesano rallado

Albahaca, cortada en tiras (opcional)

Espagueti de 16 onzas

Direcciones

Pasos

1 En un tazón, combine la carne de res, el huevo, 1 .5 cucharadas de aguacate puré y el queso parmesano. Agregue sal y pimienta y mezcle bien. Forme la mezcla en (aproximadamente) 1 pulgada en albóndigas.

2 En una sartén limpia, agregue 1 cucharada de aceite, agregue las albóndigas y dore hasta que todos los lados estén dorados.

3 En un tazón, mezcle el resto del aguacate machacado con jugo de tomate, hasta que esté bien mezclado. Pasar por un tamiz

La receta de A. Kh'an en este libro 'Avocado Cook Book' está protegida por derechos de autor. Si quieres compartir esta receta en internet o en cualquier medio. Por favor, vuelva a escribir la receta y mencione este libro como fuente original.

4 Caliente el aceite de oliva en una sartén mediana a grande, cocine y mezcle la cebolla y el ajo hasta que estén blandos. Agregue los tomates cortados en cubitos y el jugo de tomate y sazone con sal, pimienta y una selección de especias. Cocine por 15-20 a fuego medio.

5 Coloque con cuidado las albóndigas y los tomates cherry en la salsa de tomate marinara. Cocine a fuego lento durante unos 10 minutos a fuego lento, ajuste la salsa a la consistencia deseada

6 Mientras tanto, trae una olla grande de agua con sal a ebullición. Agregue los espaguetis y cocine según las instrucciones del paquete hasta que estén al dente. Desagüe. Salvar

7 Sirva los espaguetis cubiertos con albóndigas y salsa de aguacate y queso parmesano, adorne con albahaca.

Endivia rellena de aguacate y queso crema

Ingredientes

2 aguacates medianos

2 oz de queso crema, ablandadas (alrededor de 1/4 taza)

1 oz de queso feta, desmenuzado (alrededor de 1/4 taza)

1 cucharadita de ralladura de limón más

1 cucharada. jugo fresco (de 1 limón)

Sal al gusto

pimienta blanca al gusto

1 chile jalapeño o serrano, sin semillas y veteado, picado (opcional)

5 1/2 cucharaditas de estragón o cilantro fresco picado finamente, más para decorar

24 hojas de escarola belga verde (alrededor de 2-3 cabezas)

Dirección

Pasos

1 En un tazón, machaque la carne de aguacate, hasta que quede suave, cuele a través de un colador.

2 Mezcle todo, puré de aguacate, queso crema, queso feta, ralladura de limón, jugo, sal, pimienta, pimientos, hierbas. Mezcle la mezcla uniformemente en la mitad inferior de las hojas de endibia.

La receta de A. Kh'an en este libro 'Avocado Cook Book' está protegida por derechos de autor. Si quieres compartir esta receta en internet o en cualquier medio. Por favor, vuelva a escribir la receta y mencione este libro como fuente original.

3 Combina las hierbas restantes. Espolvoree uniformemente sobre las hojas rellenas. Servir inmediatamente.

Lasaña cremosa de pollo y espinaca con aguacate

Ingredientes

2 tazas de carne de aguacate maduro (picado, 3 o 4 aguacates pequeños)

2 tazas de pollo (cocido y triturado)

6 fideos de lasaña sin cocer

½ taza de cebolla, finamente picada

½ taza de pimiento, finamente cortado en cubitos

3 dientes de ajo picados

1 cucharadita de ajo en polvo

1 cucharadita de condimento italiano

½ cucharadita de sal o al gusto

2 tazas de espinaca cruda, picada

1 paquete de queso crema (8 onzas) (suavizado)

2 tazas de queso mozzarella, rallado

¼ taza de queso parmesano, rallado

1 (26 onzas) de salsa de espagueti

1 cucharada de aceite

2 cucharadas de mantequilla

Direcciones

Pasos

1 Precaliente el horno a 350 grados F (175 grados C)

2 Cocine los fideos de lasaña según el paquete hasta que estén al dente. Escurrir, enjuagar con agua fría y reservar.

3 Mientras la pasta está cocinando, caliente una sartén grande a fuego medio. Agregue aceite de cocina y mantequilla, agregue las cebollas y cocine durante 3-5 minutos, hasta que estén suaves doradas y. Agregue los pimientos y cocine por otro minuto. Luego agregue el ajo y las especias y cocine por solo 30 segundos.

La receta de A. Kh'an en este libro 'Avocado Cook Book' está protegida por derechos de autor. Si quieres compartir esta receta en internet o en cualquier medio. Por favor, vuelva a escribir la receta y mencione este libro como fuente original.

4 En un tazón mediano, agregue el aguacate, la espinaca, el queso crema, 1 taza de mozzarella y ¼ de taza de queso parmesano, mezcle suavemente. Dobla las verduras cocidas con mantequilla y pollo, hasta que se combinen a fondo con una espátula.

5 Unte ⅓ de salsa de espagueti en el fondo de una fuente para horno de 9x13 pulgadas, apta para horno. Cubra con la mezcla de pollo y cubra con 3 fideos de lasaña; repetir. Cubra con la salsa restante y espolvoree con el queso mozzarella restante. Hornee durante 35-45 minutos o hasta que el queso esté completamente derretido y los bordes estén dorados y burbujeantes.

Tostada rellena de aguacate

Ingredientes

2 rebanadas de pan (francés, brioche o pita)

1 aguacate grande

2 huevos

1/8 taza de crema o leche

1/2 cda. De canela (opcional)

Pizca de sal

Mantequilla

Direcciones

Pasos

1 Mash aguacate y colar a través de un tamiz. Establecer un lado

2 Batir los huevos, la crema, la canela y la sal en un tazón lo suficientemente grande como para sumergir el pan. Sumerja las rebanadas de pan en la mezcla y deje que se remoje durante unos segundos.

3 Coloque su aguacate en una rebanada de pan, luego cubra con la otra rebanada de pan.

4 En una sartén a fuego medio, agregue un poco de mantequilla y una vez derretida.

La receta de A. Kh'an en este libro 'Avocado Cook Book' está protegida por derechos de autor. Si quieres compartir esta receta en internet o en cualquier medio. Por favor, vuelva a escribir la receta y mencione este libro como fuente original.

5 Cocine la tostada durante 3-4 minutos por cada lado hasta que se doren.

Nota: Para pan de pita: Rellene suavemente la mitad del pan de pita con puré de aguacate

Hamburguesa de aguacate

Ingredientes

2 aguacates maduros grandes

1 (14 oz) puede frijoles negros o frijoles cannellini, escurridos

Harina para todo uso, según sea necesario

Elección de especias, como pimienta de cayena molida o copos de pimiento rojo (opcional)

1/4 de cucharadita de ajo en polvo o al gusto (opcional)

1/4 de cucharadita de cebolla en polvo o al gusto (opcional)

1/4 cucharadita de jugo de lima

Sal al gusto

Pimienta negra, tierra

Aceite de cocina en aerosol o 1 cucharadita de aceite de cocina

Elección de bollos de hamburguesas

Elección de topping

Direcciones:

Pasos

1 Mash beans en un tazón mediano. Dejar de lado.

2 Corta el aguacate por la mitad, saca el hoyo y coloca la carne en un tazón. Agregue el jugo de limón y la sal, y el ajo, la cebolla y la elección de las especias al gusto. Mash los ingredientes junto con un tenedor, agregue suavemente suficientes frijoles molidos para hacer una mezcla suave.

3 Forma la mezcla de aguacate en una Patti. ligeramente polvo con harina para todo uso.

La receta de A. Kh'an en este libro 'Avocado Cook Book' está protegida por derechos de autor. Si quieres compartir esta receta en internet o en cualquier medio. Por favor, vuelva a escribir la receta y mencione este libro como fuente original.

4 Caliente 1 cucharadita de aceite en una sartén, coloque el aguacate Patti en la sartén. Cocine hasta que esté ligeramente dorado y caliente, de 2 a 3 minutos por lado

5 Arme la hamburguesa con la opción de relleno. servir caliente con opción de lado, como la ensalada de col sin grasa.

Aguacate Mac y Queso

Ingredientes

2-1 / 2 tazas de macarrones sin cocer

1/4 taza de harina para todo uso

3 tazas de leche

5 tazas de queso cheddar afilado rallado, dividido

1/2 cucharadita de pimentón

1/2 cucharadita de sal o al gusto

1/4 cucharadita de pimienta blanca o sabor

1/4 taza de mantequilla, en cubos

1 cucharadita, ralladura de 1 limón o al gusto

1 cucharadita de jugo de limón o al gusto

Direcciones

Pasos

1 Precaliente el horno a 350 °.

2 Cocine los macarrones según las instrucciones del paquete para al dente.

3 Mientras tanto, cuela el puré de aguacate a través de un colador.

4 En una olla grande, caliente la mantequilla a fuego medio. Agregue la harina, sal y pimienta hasta que quede suave; batir gradualmente en leche. Hacer hervir removiendo constantemente; cocine y revuelva 2-3 minutos o hasta que espese.

5 Reduce el calor. Agregue 3 tazas de queso, permita que el queso se derrita. Suavemente, mezcle el aguacate, el jugo de limón y la ralladura de limón.

La receta de A. Kh'an en este libro 'Avocado Cook Book' está protegida por derechos de autor. Si quieres compartir esta receta en internet o en cualquier medio. Por favor, vuelva a escribir la receta y mencione este libro como fuente original.

4 escurrir los macarrones; revuelva en salsa. Transfiera a una bandeja para hornear engrasada de 9x13 pulgadas, horneada al horno, descubierta, 20 minutos. Cubra con el queso restante; espolvorea con pimentón. Hornee hasta que se derrita el champán y el queso, de 5 a 10 minutos. Rendimiento: 8 porciones

Estilo de guayabo de aguacate Irving

Ingredientes

3 aguacates maduros grandes

1 pimiento Fresno o jalapeño, sin semillas y veteado, picado

1/4 cebolla roja mediana, finamente picada

1 diente de ajo, finamente rallado

2 cucharadas de jugo de lima fresco o al gusto

5 tomates cherry, descuartizados y sin semillas, y escurridos

1 cucharadita de sal o al gusto

¼ taza de cilantro picado, más más para servir

1 cucharada de yogur griego o crema agria (opcional)

1 cucharadita de aceite de oliva virgen extra

Semillas de calabaza tostadas (opcional)

Chips - para servir

Direcciones

Pasos

Remueva los aguacates con un triturador de papas o un tenedor en un tazón mediano hasta que estén muy crujientes. Mezcle la cebolla, el pimiento Fresno, el ajo, el jugo de limón, la sal, el aceite de oliva y ¼ taza de cilantro. Cubra con semillas de calabaza, cilantro; servir con patatas fritas.

Mousse de chocolate y aguacate

Ingredientes

12 oz de aguacate flash, puré

1/4 taza de chispas de chocolate

1/2 taza de leche caliente

1 oz de chocolate (finamente picado u otras 2 cucharadas de chispas de chocolate)

1/4 taza de almendras o elección de nueces, picadas

Direcciones

Pasos

1 chips de chocolate en microondas en incrementos de 30 segundos, revolviendo cada vez, hasta que se derrita.

2. En un procesador de alimentos, haga puré de chocolate derretido con aguacate y leche calentada hasta que quede suave. Forzar la mezcla a través de un colador en un recipiente mediano, presionando con una cuchara.

La receta de A. Kh'an en este libro 'Avocado Cook Book' está protegida por derechos de autor. Si quieres compartir esta receta en internet o en cualquier medio. Por favor, vuelva a escribir la receta y mencione este libro como fuente original.

3. Coloque la mezcla en cuatro platos para servir y refrigere hasta que se enfríe, aproximadamente 30 minutos. Adorne los postres con trocitos de chocolate o almendras troceados finamente.

Ensalada de pollo aguacate

Ingredientes

2 aguacates, 1 reducido a la mitad y 1 picado

3 taza de pollo cocido, en cubos (pollo asado es una buena opción)

1 manojo de cebollín, picado

3 tallos de apio, picados

1 cucharada de jugo de limón o al gusto

2 cucharadas de vinagre de arroz

½ taza de hojas de perejil o hojas de cilantro

¼ taza de perejil picado

Sal al gusto

pimienta negra recién molida al gusto

1 cucharada de aceite de oliva

Direcciones

Pasos

1 En una licuadora, combine el aguacate y el jugo de limón restantes. Agregue el aceite de oliva, el vinagre, el perejil y el cilantro. Haga puré hasta que quede suave. La mezcla debe ser espesa y sobre la consistencia de la mayonesa.

2 En un tazón grande, mezcle el pollo, las cebolletas y el apio para combinar. Revuelva suavemente el aguacate picado y 1 cucharada de jugo de limón.

La receta de A. Kh'an en este libro 'Avocado Cook Book' está protegida por derechos de autor. Si quieres compartir esta receta en internet o en cualquier medio. Por favor, vuelva a escribir la receta y mencione este libro como fuente original.

3. Agregue el aderezo de aguacate sobre la mezcla de pollo y mezcle suavemente para cubrir. Condimentar con sal y pimienta. Sirva con pan crujiente o como sándwich con opción de pan.

Hummus de aguacate

Ingredientes

2 aguacates maduros grandes

1 (15 oz) puede garbanzos (o remojo y cocinado)

⅓ taza de chile jalapeño en lata (rodajas, jugo reservado) (opcional)

2 cucharadas de jugo de lima o al gusto

1 pequeño puñado de hojas de cilantro

2 dientes de ajo, picados o prensados

1 cucharada de tahini (opcional)

2 cucharadas de jugo de lima (fresco)

Hojuelas de pimienta roja

Sal al gusto

4 cucharadas de agua

Aceite de aguacate o aceite de oliva

Direcciones

Pasos

1 En una sartén mediana, agregue los garbanzos enlatados con jugo, agregue 1 taza de agua y lleve a ebullición y cocínelos durante 5-7 minutos, escurra. Dejar enfriar antes del siguiente paso

2 Pulse todos los ingredientes en un procesador de alimentos hasta que quede suave.

La receta de A. Kh'an en este libro 'Avocado Cook Book' está protegida por derechos de autor. Si quieres compartir esta receta en internet o en cualquier medio. Por favor, vuelva a escribir la receta y mencione este libro como fuente original.

3 Adorne con aceite de aguacate, copos de pimiento rojo (opcional). Sirva con pan de pita, vegetales o galletas seleccionadas.

Nota: Agregue más jugo de lima o agua para la consistencia deseada.

Lasaña de berenjena de aguacate

Ingredientes

1 aguacate grande o 2 mediano

3 berenjenas medianas - corte fino, aproximadamente 1/4 "de espesor

3 dientes de ajo picados

1 cebolla picada

2 cucharaditas orégano o elección de hierbas secas mezcladas

1 25 onzas jar salsa marinara

Queso ricotta de 16 onzas o queso estilo mexicano

1/2 taza de parmesano recién rallado

1 huevo grande

1/4 taza de perejil fresco, picado, más para decorar o cilantro para sabor latino

4 c. mozzarella rallado

Sal al gusto

Pimienta negra recién molida

1 cucharada de aceite de oliva o aceite de cocina

Direcciones

Pasos

1 Precaliente el horno a 400 °.

2 Sazone rebanadas de berenjena con sal, coloque rodajas de berenjena en una rejilla para enfriar. Deje reposar durante 20 minutos. Pat seco con toallas de papel.

3 En una sartén grande a fuego medio, caliente el aceite. Saltea el ajo por 30-45 segundos hasta que esté fragante. luego agrega cebollas y orégano. Sazonar con sal y pimienta y cocinar hasta que las cebollas estén suaves y translúcidas. Vierta la salsa marinara y cocine hasta que se caliente, aproximadamente 2-3 minutos.

4 En un tazón mediano, combine aguacate, ricotta, parmesano, huevo y perejil. Condimentar con sal y pimienta.

La receta de A. Kh'an en este libro 'Avocado Cook Book' está protegida por derechos de autor. Si quieres compartir esta receta en internet o en cualquier medio. Por favor, vuelva a escribir la receta y mencione este libro como fuente original.

5 En una cazuela para horno grande y segura, coloca ⅓ de la salsa marinara en el fondo del plato, luego una capa de berenjena, una capa de mezcla de ricotta y luego una capa de mozzarella; repetir capas. La última capa de berenjena con salsa marinara, mozzarella y parmesano. Hornee durante 35-45 minutos o hasta que el queso esté completamente derretido y los bordes estén dorados y burbujeantes.

Patatas de aguacate gratinado

Ingredientes

1 aguacate grande

3 papas grandes Russet o Yukon Gold (aproximadamente 2-1 / 4 libras), peladas y en rodajas muy finas

3 zanahorias medianas, en rodajas finas

1 pimiento verde mediano, cortado en cubitos

2 taza de crema o leche pesada

1 cucharadita de sal o al gusto

1/4 cucharadita de pimienta blanca molida o sabor

1 taza de Parmigiano-Reggiano rallado o rallado

Mantequilla para engrasar el plato para hornear

Direcciones

Pasos

1 Precaliente el horno a 350 ° F. Engrase un plato para hornear de 8 pulgadas (o 2 cuartos) con mantequilla.

2 En un tazón, mezcle aguacate con crema, sal y pimienta. Pasar por un tamiz

3 En una fuente para hornear preparada, coloque las rodajas de patata, los bordes superpuestos, en una sola capa. Espolvoree 1/4 del queso sobre las papas y las zanahorias, el pimiento, y cuidadosamente distribuya 1/4 de la mezcla de aguacate y crema sobre la parte superior. Repita con las papas restantes, la mezcla de aguacate y queso, formando 4 capas. extienda cualquier resto de crema de aguacate sobre la parte superior.

La receta de A. Kh'an en este libro 'Avocado Cook Book' está protegida por derechos de autor. Si quieres compartir esta receta en internet o en cualquier medio. Por favor, vuelva a escribir la receta y mencione este libro como fuente original.

4 Coloque la fuente para hornear, en el horno y hornee, sin tapar, durante aproximadamente una hora, o hasta que las papas estén tiernas cuando se taladren con un cuchillo y doradas en la parte superior. Retire del horno, deje reposar el plato durante aproximadamente 8-10 minutos antes de servir.

Chile de carne de aguacate

Ingredientes

1 aguacate grande

1 libra de carne de estofado de ternera, cortada en cubos de 1/2 pulgada

1 pimiento jalapeño grande, sin semillas y dados - opcional y a gusto

1 (15 oz) puede tomate, cortado en cubitos con jugo

Elección de especias de chile (como ajo en polvo, comino molido, polvo de chile molido, cilantro molido)

1 cucharadita de jengibre, finamente rallado

1 cucharadita de hojuelas de pimiento rojo o al gusto

12 oz de maíz (congelado) o lata, escurrido

La alegría de una lima

Jugo de una lima

1 taza de queso cheddar (rallado, 4 oz, (opcional) para servir

Elección de topping, como cebollas cortadas en cubitos, pimiento verde cortado en cubitos, rodajas de limón y hojas de cilantro

Direcciones

Pasos

1 En una sartén grande, dore la carne a fuego medio durante 8 a 10 minutos o hasta que esté bien cocida, y deje de estar rosada. Revolviendo con frecuencia Desagüe.

2 Agregue los tomates con jugo, especias y chile jalapeño; mezclar bien. Llevar a ebullición. Agregue el maíz. Reduce el calor a medio-bajo; cocine de 10 a 12 minutos o hasta que la carne y el maíz estén tiernos, revolviendo ocasionalmente.

3 Mientras tanto. machaque el aguacate con jugo de lima, en un tazón, luego cuele a través de un colador.

La receta de A. Kh'an en este libro 'Avocado Cook Book' está protegida por derechos de autor. Si quieres compartir esta receta en internet o en cualquier medio. Por favor, vuelva a escribir la receta y mencione este libro como fuente original.

4 Agregue el aguacate machacado y doble hasta que esté completamente combinado.

5 Espolvorea cada porción con ralladura de lima y 1/4 de taza de queso. Sirva con pan crujiente con opción de coberturas.

Hierbas de aguacate Pollo asado

Ingredientes

2 aguacates grandes

1 pollo (3-4 lb), entero

7 oz de bulbo de ajo, pelado

2 cebollas verdes (cebollín)

1 cebolla mediana

2 cucharadas de especias de mezcla fresca o seca, (hojas de tomillo, hojas de romero o cilantro fresco, orégano)

1 cucharadita de pimienta de cayena (opcional)

1 cucharadita de pimentón

1 cucharadita de pimienta blanca recién cuajada

2 cucharaditas de aceite vegetal (o aceite de aguacate)

2 tazas de agua

1 limones grandes, en rodajas

Jugo de una lima

La alegría de una lima

1 1/2 cucharaditas de sal

Direcciones

Pasos

1 Precaliente el horno a 425 °

2 En un procesador de alimentos, agregue las cebollas, la cebolla, el ajo, el tomillo, el romero, la pimienta blanca, el pimentón, la pimienta de cayena, el aguacate, el jugo de lima, la sal y 2 cucharaditas de aceite. Picar las hierbas hasta que estén finas y formar una pasta. Ahorre 2/3 o aproximadamente - espese pasta, reserve.

La receta de A. Kh'an en este libro 'Avocado Cook Book' está protegida por derechos de autor. Si quieres compartir esta receta en internet o en cualquier medio. Por favor, vuelva a escribir la receta y mencione este libro como fuente original.

3 Coloque el pollo en una bandeja para hornear antiadherente, con cuidado, con un cuchillo o con los dedos separar la piel de la carne de la pechuga. Tenga cuidado de no rasgar la piel o separarla del pájaro. Haz lo mismo con las piernas. Empaque con aderezo en ambos lados. Vierta la pasta de especias guardada en el pollo y frote todo, incluyendo el interior de la cavidad, incluida la zona del cuello. Rocíe ½ cucharada de aceite de oliva sobre la parte superior del pollo y frote para cubrir, voltee y repita para el fondo.

4 Hornee inmediatamente o marque el pollo durante al menos una hora o durante la noche en el refrigerador.

5 Coloque la pechuga de pollo hacia abajo sobre la rejilla para hornear en una bandeja para asar antiadherente. Coloque las rodajas de limón dentro de la cavidad y hornee durante 35-40 minutos en el horno de precalentamiento.

6 Retire con cuidado el asador y déle la vuelta a la parte posterior, hilvane el pollo con jugo en la sartén, rocíe con un poco de aceite o mantequilla, devuelva el pollo al horno y continúe tostando por otros 15 minutos.

7 Inserte un termómetro de sonda en la parte más gruesa de la carne, teniendo cuidado de no tocar el hueso, si el termómetro muestra 165 grados Fahrenheit (74 Celsius).

8 Retire del horno, cubra ligeramente con papel de aluminio y deje reposar al pollo durante 10 minutos antes de tallar.

Nota: 1 Ajuste el tiempo para aves más grandes o pequeñas

2 Hacer salsa de jugo de pan

3 Nestlé de papas u otras verduras en la sartén para un plato lateral fácil.

Pilaf de aguacate y arroz

Ingredientes:

1 taza de arroz basmati

1 aguacate maduro

1/4 cucharadita de polvo de semilla de cilantro molido o elección de especias, como comino, semillas de hinojo

Zest de medio limón o una pequeña lima

2 cucharadas de jugo fresco de limón o lima

Sal al gusto

Pimienta blanca recién molida o pimienta negra al gusto

4 cucharadas de hojas de cilantro picado

Direcciones

Pasos

1 Cocine el arroz según el paquete

2 En un tazón grande, agrega la carne de aguacate y machaca con jugo de limón, sal, pimienta blanca y polvo de cilantro.

La receta de A. Kh'an en este libro 'Avocado Cook Book' está protegida por derechos de autor. Si quieres compartir esta receta en internet o en cualquier medio. Por favor, vuelva a escribir la receta y mencione este libro como fuente original.

3 Agregue el arroz y el cilantro, mezcle suavemente, hasta que se combinen. Sirve con la elección del plato principal o como acompañante.

Pastel salado de papa y aguacate

Ingredientes

1 aguacate grande

1 cortezas de pie - descongeladas (compra en la tienda)

1 1/2 libra de salchicha de chorizo, sin envoltura o carne picada

1 libra de papas, peladas y cortadas en cubos de 1 pulgada

½ cucharadita de sal

½ cucharadita de ajo en polvo

⅛ cucharadita de pimienta blanca

½ taza de cebollas verdes (en rodajas finas, aproximadamente 8 medianas)

Queso Cheddar de 4 oz (rallado, 1 taza)

2 tomates pequeños (en rodajas finas)

1 cucharada de aceite vegetal (o aceite de aguacate)

Adornar

2 cucharadas de cebollas verdes en rodajas finas (2 medianas)

cCrea agria

Direcciones

Pasos

1 Precaliente el horno a 450 ° F. Haga la masa para pastel como se indica en la caja usando una tarta de vidrio honda de 9 pulgadas Hornee de 9 a 11 minutos o hasta que esté dorado. Dejar de lado.

2 Mientras tanto, hierva los cubos de patatas, escurra y macere con aguacate, 1 cucharadita de aceite, 1/4 de cucharadita de sal, ajo en polvo y pimienta blanca. Dejar de lado

3 Brown chorizo en una sartén a fuego medio, escurrir.

La receta de A. Kh'an en este libro 'Avocado Cook Book' está protegida por derechos de autor. Si quieres compartir esta receta en internet o en cualquier medio. Por favor, vuelva a escribir la receta y mencione este libro como fuente original.

4 Espolvoree 1/2 taza de cebollas en el fondo de la cáscara cocida enfriada; espolvorea con queso. Cuchara y untar el chorizo uniformemente sobre el queso. Cubra con la mezcla de papas uniformemente sobre la carne. Coloque las rodajas de tomate alrededor del borde, superponiéndolas si es necesario. Cepille la mezcla de papa y los tomates con aceite.

5 Reduzca la temperatura del horno a 400 ° F; hornee de 15 a 20 minutos o hasta que se caliente bien en el centro. Enfriar 5 minutos. Para servir, espolvorea con 2 cucharadas de cebollas. Cortar en cuñas; cubra cada porción con 1 cucharada de crema agria.

Chiles rellenos de aguacate

Ingredientes

2 aguacates grandes, puré

4 - 5 pimientos grandes, tapas removidas y sin semillas

1 1/2 lb, chorizo, tripa retirada o carne picada

2 tazas de guisantes verdes o elección de frijoles cocidos

1/2 taza de apio apilado, finamente picado

1/2 taza de zanahoria, finamente picada

1/2 taza de cebolla, finamente picada

2-3 / 4 dientes de ajo, picados o prensados

sal y pimienta para probar

1 (14.5 onzas) de tomates cortados en cubitos

1 cucharada de perejil fresco, picado

1 cucharada de albahaca fresca, picada

Jugo de una lima

La alegría de una lima

6 cucharadas y 2.5 cucharaditas de queso Cheddar rallado

3 cucharadas y 2,5 cucharaditas de queso mozzarella rallado

1 (10 oz) de salsa de tomate

Direcciones

Pasos

1 Precaliente el horno a 370 grados (F)

2 En una sartén grande, cocine el chorizo hasta que se dore. Agregue el apio, las zanahorias, las cebollas y el ajo. Sazone con sal y pimienta, cocine hasta que esté suave, de 3 a 5 minutos. Agregue los tomates, el perejil, la albahaca, los guisantes y el agua. Cubra y hierva a fuego lento hasta que esté cocido y todo el líquido se haya evaporado, aproximadamente 15 minutos. Retírelo del calor.

3 Mash aguacates con jugo de limón y ralladura de limón, dobla en los quesos de aguacate en el chorizo y la mezcla de verduras, luego mezcle en queso cheddar y mozzarella

La receta de A. Kh'an en este libro 'Avocado Cook Book' está protegida por derechos de autor. Si quieres compartir esta receta en internet o en cualquier medio. Por favor, vuelva a escribir la receta y mencione este libro como fuente original.

4 Coloque los pimientos en posición vertical sobre una bandeja para hornear. Rellene cada pimiento con la mezcla de chorizo. Espolvoree queso extra encima, guardando algunos para el acabado.

5 Vierta salsa de tomate sobre los pimientos. Cubra con papel de aluminio. Hornee en horno precalentado unos 20 minutos, quite la lámina, espolvoree más queso sobre los pimientos y hornee por 5-7 minutos hasta que el queso se derrita por completo y los bordes estén dorados y burbujeantes.

Aguacate y Spaghetti Squash cuencos con Chorizo

Ingredientes

1 calabaza espagueti, partida a la mitad y sin semillas

4 dientes de ajo, cortados en cubitos

1 cucharada de aceite de oliva, dividido

1 taza de guacamole preparado

1 taza de salchicha de chorizo cocida o carne de pollo asada (en cubos) [opcional]

Cuñas de limón para servir

Opcional para decorar: hojuelas de pimiento rojo, hojas de cilantro

Direcciones

Pasos

1 Precaliente el horno a 350 F

2 Corte la calabaza por la mitad y saque las semillas.

3 Mezcle el aceite de cocina y el ajo en una calabaza, colóquelos en una bandeja para hornear galletas. Hornee a 350ºC durante aproximadamente 1 hora, hasta que estén suaves.

4 Retire la calabaza del horno, cuando esté lo suficientemente fría como para manejarla, "rastrille" la calabaza con un tenedor, que hará una textura de espagueti.

La receta de A. Kh'an en este libro 'Avocado Cook Book' está protegida por derechos de autor. Si quieres compartir esta receta en internet o en cualquier medio. Por favor, vuelva a escribir la receta y mencione este libro como fuente original.

5 Transfiere la carne de la calabaza de la cáscara a los tazones de fuente.

6 Agregue guacamole en la calabaza y mezcle suavemente.

7 Cubra con chorizo y queso, sirva con pan crujiente o tortilla.

Corteza de almendra y aguacate

Ingredientes

4 pechugas de pollo deshuesadas sin hueso (4 oz cada una) o licitaciones de pollo de 1 libra

3 aguacates maduros

1 taza de harina (harina de almendras) o ½ taza de almendras (en rodajas) ¼ taza de harina de trigo integral

1 cucharada de pimienta de cayena molida o pimentón (o al gusto)

½ cucharadita de ajo en polvo

½ cucharadita de cebolla en polvo (opcional)

Jugo de 1 pequeño limón o lima

Zest de limón de limón juiced

1 cucharadita de pimienta negra

1 cucharadita de sal marina

Aceite de cocina spray

Direcciones

Pasos

1 Precaliente el horno a 375 grados

2 Cubra una bandeja para hornear con papel de aluminio y coloque una rejilla en la hoja. Dejar de lado.

3 Mezcle todos los ingredientes secos en un plato poco profundo.

4 Mash aguacates con jugo de limón y ralladura de limón - para suavizar la pasta. Agregue el pollo y mezcle hasta que el pollo esté bien cubierto

La receta de A. Kh'an en este libro 'Avocado Cook Book' está protegida por derechos de autor. Si quieres compartir esta receta en internet o en cualquier medio. Por favor, vuelva a escribir la receta y mencione este libro como fuente original.

5 Se draga cada pollo cubierto con aguacate a través de la harina de almendra, descartar cualquier exceso de mezcla de almendras.

6 Coloque el pollo en la parrilla preparada y cúbralo con aceite en aerosol; gira y rocía el otro lado. Hornee el pollo hasta que esté dorado, crujiente y ya no rosado en el centro, de 20 a 25 minutos.

Nota:

1 Si no usa una rejilla para hornear el pollo, hornee el pollo en papel pergamino o papel aceitado; déle vuelta a la mitad de la cocción.

Pollo Relleno de Aguacate

Ingredientes

2 pechugas de pollo deshuesadas y sin piel, 2 medianas a aguacate grande, rebanadas gruesas

2/3 taza de mostaza amarilla

2 cucharadas de miel

1 cucharadita de ajo en polvo

Sal al gusto

Pimienta negra recién molida al gusto

6 rebanadas de queso suizo o queso americano

2/3 taza de chips de pepinillos de eneldo, cortados a la mitad

Direcciones

Pasos

1 Precalienta el horno a 400 F.

2 haga un bolsillo profundo en cada pechuga de pollo, teniendo cuidado de no cortar completamente.

3 En un bol, mezcle la mostaza, la miel y el ajo en polvo. Sazonar con sal y pimienta y frotar todas las pechugas de pollo.

La receta de A. Kh'an en este libro 'Avocado Cook Book' está protegida por derechos de autor. Si quieres compartir esta receta en internet o en cualquier medio. Por favor, vuelva a escribir la receta y mencione este libro como fuente original.

4 Coloque los senos en una bandeja mediana para hornear y rellene cada uno con aguacate en rodajas, queso y pepinillos.

5 Hornee hasta que el pollo esté cocido y no rosado, aproximadamente 25 minutos. Servir inmediatamente con la opción de pan crujiente.

Pizza de aguacate

Ingredientes

1 aguacate mediano y 1 aguacate pequeño (en cubitos)

1 corteza de pizza de 12 pulgadas precocida o 1 lb de masa de pizza, comprada en la tienda o hecha en casa

1/2 taza de salsa Alfredo o salsa de pizza de tomate (1 lata de salsa de tomate + 1 cucharada de pasta de tomate)

1 paquete de salchichón en rodajas o 1 taza de carne picada cocida o pollo cocido en tiras

1 taza de queso mozzarella rallado

1/4 taza de queso parmesano rallado

1/4 taza de queso Romano rallado

2 cucharaditas de jugo de limón

1/4 cucharadita de pimienta

1 diente de ajo, picado o prensado

1/2 cucharadita de hojuelas de pimiento rojo picado

1/2 cucharadita de albahaca seca, orégano y mejorana

1/4 cucharadita de pimienta blanca molida

1/4 de cucharadita de sal

Direcciones

Pasos

1 Mezcle la salsa Alfredo, el jugo de limón, el ajo, la sal y la pimienta, y las hierbas secas con aguacate hasta obtener una pasta homogénea.

2 Extiende la mezcla de aguacate sobre la corteza, dejando un borde de 1/2-pulgada; coloque el pepperoni y el aguacate pequeño en cubitos sobre la mezcla de aguacate. Espolvorear con queso mozzarella y queso parmesano. Hornee a 425 ° en la parrilla inferior del horno durante 15 a 18 minutos o hasta que la masa esté ligeramente dorada. Deje reposar 5 minutos antes de servir.

La receta de A. Kh'an en este libro 'Avocado Cook Book' está protegida por derechos de autor. Si quieres compartir esta receta en internet o en cualquier medio. Por favor, vuelva a escribir la receta y mencione este libro como fuente original.

Nota: si usa masa de pizza; Extienda la masa de la pizza uniformemente en la bandeja para pizza. Con un cepillo, rocíe con aceite de cocina sobre la corteza. Haz algunos agujeros con un tenedor. Hornee a 425 ° en la parrilla inferior del horno durante 5 minutos. Unte la salsa para pizza y la parte superior con los ingredientes y hornee hasta que el pastel esté completamente cocinado. Deje que el pastel repose durante 5 minutos antes de servir.

Pescado sofrito de aguacate

Ingredientes

2 aguacates medianos a grandes

4 filetes de salmón (6 onzas cada uno)

1-1 / 2 tazas de migas de pan

1/4 cucharadita de aderezo de pimienta de limón o elección de condimento de mariscos

1/4 cucharadita de pimentón o pimienta de cayena - al gusto

2 dientes de ajo, picados o prensados

2 cucharadas de cilantro fresco o perejil picado

1 cucharadita de ralladura de limón

Jugo de un limón

Sal al gusto

1 cucharada de mantequilla derretida

Direcciones

Pasos

1 Precalienta el horno a 400 F.

2 En un tazón, combine las migas de pan, el condimento de pimienta de limón, el pimentón, la sal, el ajo, el cilantro y mezcle con la mantequilla derretida.

3 Mash aguacates con jugo de limón y ralladura de limón - para suavizar la pasta. Agregue el pescado y mezcle hasta que el pescado esté bien cubierto.

4 Saque cada pollo cubierto con aguacate a través de la mezcla de migas de pan, deseche el exceso de migas. Guarde la mezcla de migas de pan.

5 Coloque el salmón en una fuente para horno cubierta con aerosol para cocinar, con la piel hacia abajo. Cubra con exceso de mezcla de migas, dando palmaditas suavemente. Hornee hasta que estén doradas y el pescado comienza a desmenuzarse fácilmente con un tenedor, 12-15 minutos.

Mash de aguacate y coliflor

Ingredientes

1 aguacate de gran tamaño

1 coliflor de cabeza grande (alrededor de 2-1 / 2 libras), rota en florecillas

1 diente de ajo, en rodajas finas

3 cucharadas de leche

1 taza de queso parmesano rallado, dividido

1 cucharada de mantequilla

1/2 cucharadita de pimienta blanca

Sal al gusto

Perejil fresco picado o cilantro o cebollín fresco picado (opcional)

Direcciones

Pasos

1 Cueza al vapor la coliflor en un cocedor de vapor o hervir en una pulgada de agua en una sartén hasta que esté suave, escurrir.

2 Mash coliflor con aguacate a la consistencia deseada. Agregue 1/2 taza de queso, leche, mantequilla y pimienta blanca. Espolvoree con el queso restante y, si lo desea, con el perejil.

La receta de A. Kh'an en este libro 'Avocado Cook Book' está protegida por derechos de autor. Si quieres compartir esta receta en internet o en cualquier medio. Por favor, vuelva a escribir la receta y mencione este libro como fuente original.

Nota: hace una gran sándwich Spread.

Chile de pollo y aguacate

Ingredientes

1 aguacate grande

2 tazas de pechuga de pollo cocida al cubo o carne de muslo

2 latas (15 oz cada una) de frijoles cannellini blancos, enjuagados y escurridos

1 lata (10 oz) de crema condensada de sopa de pollo, sin diluir

1-1 / 3 tazas de caldo de leche o pollo, más ½ taza de leche o caldo de pollo

1 cebolla pequeña, finamente picada

1 cucharadita de ajo en polvo

1 cucharadita de comino molido

1 cucharadita de orégano mexicano seco (opcional)

1 cucharada de hojas frescas de cilantro, finamente picadas

1 jalapeño grande, sin semillas y picado

Sal al gusto

Pimienta blanca recién molida

cCrea agria

Direcciones

Pasos

1 En una olla grande, combine todos los ingredientes, excepto el aguacate y la crema agria; llevar a ebullición. Reducir el calor; cubra y cocine a fuego lento durante 25-30 minutos o hasta que se caliente por completo.

2 transfiere el pollo con una cuchara ranurada a un tazón, pon un lado.

La receta de A. Kh'an en este libro 'Avocado Cook Book' está protegida por derechos de autor. Si quieres compartir esta receta en internet o en cualquier medio. Por favor, vuelva a escribir la receta y mencione este libro como fuente original.

3 Mash los aguacates con ½ taza de leche hasta que quede suave, doblar suavemente en la base de chile en una sartén hasta que esté completamente combinado. Agregue el pollo de nuevo a la cacerola y cocine a fuego lento durante 5-6 minutos. Adorne con crema agria.

Sopa de pollo y tortilla de aguacate

Ingredientes

1 aguacate grande

1 lb de pechugas o muslos de pollo sin piel y sin hueso

1 cebolla pequeña, finamente picada

1 pimiento rojo pequeño, picado

1 diente de ajo, picado o prensado

12 oz de caldo de pollo

1 (14.5-oz.) De tomates en cubos, escurridos

1 (8 onzas) de salsa de tomate

1 pimiento jalapeño grande, sin semillas y picado o al gusto

1/2 cucharadita de pimienta de cayena en polvo o al gusto

1 cucharadita de orégano mexicano seco

1 cucharadita de comino molido o sabor

Pimienta blanca recién molida

2 calabazas amarillas, cortadas a la mitad y en rodajas

1/2 taza de judías verdes, o guisantes verdes

1 cucharadita de ralladura de lima

1 cucharada de jugo de lima fresco

Sal al gusto

Pimienta blanca recién molida

3 cucharadas de cilantro fresco, picado y más para servir

Porción: jalapeños en rodajas, crema agria y chips de tortilla

Direcciones

Pasos

1 Combina el pollo, la cebolla, el pimiento, el ajo, el caldo de pollo, los tomates cortados en cubitos, la salsa de tomate, los jalapeños, la pimienta de cayena, el orégano y el comino en una sartén grande. Condimentar con sal y pimienta. Cubra y cocine hasta que el pollo esté cocido a fuego medio bajo 30-45 minutos.

2 Mientras tanto, mastique los aguacates con ½ taza de caldo hasta que quede suave. Dejar de lado.

3 Agregue la calabaza y las judías verdes y cocínelas tapadas por 15 minutos. Retire el pollo, deseche los huesos y triture la carne. Doble suavemente la mezcla de aguacate en la cacerola hasta que esté completamente combinada. Agregue el pollo de nuevo a la cacerola y cocine a fuego lento durante 5-6 minutos. Agregue el jugo de lima, la ralladura de lima y el cilantro.

4 apaga el fuego. Deje que la sopa descanse durante 5-10 minutos. Sirva cubierto con cilantro, jalapeños y crema agria, junto con chips de tortilla.

Huevos Rellenos de aguacate

Ingredientes

6 huevos grandes, hervidos y rebanados por la mitad a lo largo y separados por yema.

1/2 taza de aguacate, puré

¼ taza de crema agria

1 cucharadita de mostaza Dijon

1 cucharadita de jugo de limón

1 cebolla verde, finamente cortada

pizca de Cayena

sal y pimienta para probar

1 cucharada de mantequilla

6 aceitunas negras sin hueso, cortadas en rodajas o 24 rodajas de aceitunas negras precortadas

1 cucharadita de pimienta de cayena en polvo o salsa picante (opcional)

Direcciones

Pasos

1 En un tazón, agregue todos los ingredientes excepto las claras de huevo y las aceitunas. Aplaste todos los ingredientes junto con un tenedor y sazone bien con sal y pimienta.

La receta de A. Kh'an en este libro 'Avocado Cook Book' está protegida por derechos de autor. Si quieres compartir esta receta en internet o en cualquier medio. Por favor, vuelva a escribir la receta y mencione este libro como fuente original.

2 Cuchara o tubo de llenado en las claras de huevo ahuecadas. Adorne con aceitunas negras.

Tarta de aguacate y pollo

Ingredientes

3 aguacate mediano

1 libra de pollo cocido y rallado (como pollo asado) o carne de res

1 hoja de hojaldre congelado, descongelado

1 pimiento rojo mediano

1 taza de queso mozzarella rallado o cualquier queso derretido

1 cucharadita de cáscara de limón rallada

2 cucharadas de jugo de limón

1 cucharada de aceite de cocina o aceite de aguacate

1/4 cucharadita de sal o al gusto

1/4 cucharadita de pimienta o al gusto

Gran pizca de hojuelas de pimiento rojo (opcional)

Harina

Direcciones

pasos

1 Precalienta el horno a 400 °

2 bandejas grandes forradas con papel pergamino. Dejar de lado.

2 Si usa carne picada, dore la carne en una sartén con 1 cucharada de aceite de cocina hasta que se dore y ya no esté rosa, deje el desagüe a un lado.

3 Mientras tanto, en un tazón, machaque el aguacate con jugo de limón y ralladura de limón, sazone con sal y pimienta. Dobla el pimiento. Dejar de lado.

4 En una superficie enharinada, enrolle la hoja de hojaldre en una bandeja de 16x12 pulgadas. rectángulo. Transfiera a una bandeja para hornear preparada. Hornee hasta que estén doradas, aproximadamente 10 minutos.

La receta de A. Kh'an en este libro 'Avocado Cook Book' está protegida por derechos de autor. Si quieres compartir esta receta en internet o en cualquier medio. Por favor, vuelva a escribir la receta y mencione este libro como fuente original.

5 Extiende la mezcla de aguacate sobre la lámina de hojaldre hasta 1/2 pulgada de los bordes.

6 Espolvoree 1-1 / 2 tazas de queso sobre la extensión del aguacate. Cubra con carne de pollo; espolvorea con el queso restante. rocíe la parte superior con sal y pimienta y hojuelas de pimiento rojo y aceite.

7 Hornee hasta que el queso se derrita, 10-15 minutos. Sirve caliente.

Pan de Calabacín y Aguacate

Ingredientes

1 aguacate pequeño

1 1/2 tazas de calabacín rallado

1 1/2 tazas de harina para todo uso

1 taza de azúcar

1 huevo

1/2 cucharadita de sal

1/2 cucharadita de bicarbonato de sodio

1/4 cucharadita de polvo de hornear

1/4 cucharadita de clavo de olor molido

2 cucharaditas de ralladura de limón

1/2 taza de aceite vegetal

1/2 taza de nueces picadas o pacanas (opcional)

Mantequilla

Direcciones

Pasos

1 Precaliente el horno a 325 grados F

2 Rocíe una bandeja para pan (aproximadamente 8 "x 4") con aceite en aerosol, o grasa y harina para evitar que se pegue.

3 En un bol, bata el calabacín, el aguacate, el azúcar, el huevo y el aceite.

4 En un recipiente aparte, tamice la harina, la sal, el bicarbonato de sodio y el polvo de hornear; revuelva en los clavos molidos y la ralladura de limón. Revuelva la mezcla de harina en la mezcla de calabacín solo hasta que se mezcle. Agregue nueces picadas o pacanas, si lo desea.

La receta de A. Kh'an en este libro 'Avocado Cook Book' está protegida por derechos de autor. Si quieres compartir esta receta en internet o en cualquier medio. Por favor, vuelva a escribir la receta y mencione este libro como fuente original.

5 Vierta la mezcla en la bandeja de pan preparada y nivele con el dorso de una cuchara.

6 Hornee durante aproximadamente 1 hora o hasta que un cuchillo insertado en el centro salga limpio

7 Deje que los panes se enfríen en la sartén durante 10 minutos, luego pase un cuchillo por los lados para aflojar el pan y sacarlo de la sartén. Dejar enfriar sobre una rejilla de alambre Cepille la parte superior de la barra de pan con mantequilla derretida mientras aún está caliente.

Aguacate y Ajo Ventilador Patatas

Ingredientes

1 aguacate grande

1 1/2 libras pequeñas papas redondas rojas o amarillas, lavadas, lavadas y secas

1 jugo de lima o limón

Zest de 1 lima o limón

3 a 4 cucharadas de aceite vegetal o aceite de aguacate

4 o 5 dientes de ajo, prensados

un gran botón de mantequilla

1 oz de queso parmesano, rallado

sal y pimienta negra al gusto

hierba fresca - romero o elección de hierba

Adornar

Hierbas frescas: albahaca, cebollín, orégano, etc. (opcional)

Direcciones

Pasos

1 Horno de precalentamiento 400F.

2 bandejas de media hoja de 17x12 pulgadas con papel de aluminio; rocíe papel de aluminio con aerosol para cocinar.

3 puré de aguacates con ajo, jugo de limón, ralladura de limón, sal y pimienta

4 Con un cuchillo, haga de 6 a 8 cortes desde la parte superior de cada patata hasta 1/4 de pulgada del fondo, no para cortar el fondo. Coloque las papas, con el lado cortado hacia arriba, en la sartén preparada.

La receta de A. Kh'an en este libro 'Avocado Cook Book' está protegida por derechos de autor. Si quieres compartir esta receta en internet o en cualquier medio. Por favor, vuelva a escribir la receta y mencione este libro como fuente original.

5 Suavemente llene la brecha entre los fanáticos de las papas con puré de aguacate.

6 rocíe con aceite; espolvorear con romero, sal y pimienta.

7 Hornea sin cubrir de 20 a 25 minutos o hasta que las papas estén doradas y tiernas. Espolvorea con queso; hornear 5 minutos más.

8 Decora con un poco más de queso parmesano y las hierbas frescas.

Pasta de aguacate y pesto

Ingredientes

1 aguacate grande

6 onzas. espagueti seco o elección de pasta seca

4 onzas. tomates cherry

3 tazas de hojas de albahaca fresca (envasadas)

4 dientes de ajo

¾ taza de queso parmesano (rallado)

½ taza de aceite vegetal o aceite de aguacate más 1 cucharadita

¼ taza de piñones

½ taza de perejil fresco (picado, opcional)

1 cucharada de mantequilla

Direcciones

Pasos

1 En una olla grande de agua hirviendo con sal, cocine la pasta de acuerdo con las instrucciones del paquete hasta que esté al dente.

2 Mientras tanto, combine el destello de aguacate, albahaca, ajo, queso parmesano, aceite y nueces en el tazón de un procesador de alimentos o licuadora. Mezcle hasta obtener una pasta suave. Agregue el perejil si lo desea.

3 En una sartén de tamaño mediano, combine 1 cucharadita, 1 cucharada de mantequilla, tomate, ajo y tomillo y colóquelo en el asado durante 5-8 minutos. Dejar de lado.

La receta de A. Kh'an en este libro 'Avocado Cook Book' está protegida por derechos de autor. Si quieres compartir esta receta en internet o en cualquier medio. Por favor, vuelva a escribir la receta y mencione este libro como fuente original.

4 Para ensamblar: Coloque el pesto en un tazón grande y cubra con pasta. Mezcle hasta que la pasta esté bien cubierta. Transfiera la pasta a un recipiente para servir, cubra con tomates asados. Termine cada plato con parmesano y sirva.

Salsa de cangrejo de aguacate

Ingredientes

2 tazas de aguacate flash (2 aguacates grandes)

12 onzas. carne de cangrejo enlatada (escurrida y en copos)

8 oz. queso crema

1/2 taza de queso parmesano recién rallado, y más para decorar

1/2 taza de cebollas verdes en rodajas finas, y más para decorar

2 dientes de ajo, prensados o picados

Jugo de 1 limón

1 cucharada de mantequilla

1 cucharadita de condimentos de marisco, o elección de mezcla de especias - al gusto y más para decorar

Chips de tortilla o elección de cracker, para servir

Direcciones

Pasos

1 En una sartén mediana, combine el aguacate con leche, el queso crema, el parmesano, la mantequilla, la cebolla verde, el ajo, el jugo de limón y el Old Bay y revuelva hasta que se combinen. Doble la carne de cangrejo y cocine a fuego lento durante aproximadamente 8-10 minutos o hasta que se caliente completamente.

La receta de A. Kh'an en este libro 'Avocado Cook Book' está protegida por derechos de autor. Si quieres compartir esta receta en internet o en cualquier medio. Por favor, vuelva a escribir la receta y mencione este libro como fuente original.

2 Adorne con queso parmesano, cebollas verdes y mezcla de especias. Sirve con variedad de galletas.

Bebida de batido de aguacate

Ingredientes

1 aguacate maduro, reducido a la mitad y sin hueso

1 1/4 tazas de leche de almendras

1 1/2 cucharadas de jugo de lima fresco

1 cucharada de miel (opcional)

1 plátano (o elección de fruta, como manzana, piña, fresa, pepino, etc.)

Direcciones

1 Saque la carne del aguacate en una licuadora. Agregue leche, jugo de lima, miel y fruta picada; puré. Agregue 1 taza de hielo; puré hasta que quede suave.

La receta de A. Kh'an en este libro 'Avocado Cook Book' está protegida por derechos de autor. Si quieres compartir esta receta en internet o en cualquier medio. Por favor, vuelva a escribir la receta y mencione este libro como fuente original.

2 Divide entre 2 vasos refrigerados y sirve.

Panqueques de aguacate

Ingredientes

1 aguacate grande (8 oz)

1 taza de leche de almendras o leche baja en grasa

1 huevo grande

2 tazas de harina para todo uso

1/2 cucharadita de polvo de hornear

1/2 cucharadita de bicarbonato de sodio

1 cucharadita de mantequilla derretida

1 cucharadita de miel

1/2 cucharadita de extracto de vainilla (opcional)

1/4 de cucharadita de sal

Adorne: frutas frescas de elección y jarabe de arce

Direcciones

Pasos

1 En un procesador de alimentos, combine la leche de almendras, los huevos, la mantequilla, la miel y la vainilla, procese hasta que estén bien combinados. Agregue el aguacate y el proceso hasta que quede suave.

2 Agregue los ingredientes restantes y pulse varias veces, solo hasta que se incorporen los ingredientes secos.

La receta de A. Kh'an en este libro 'Avocado Cook Book' está protegida por derechos de autor. Si quieres compartir esta receta en internet o en cualquier medio. Por favor, vuelva a escribir la receta y mencione este libro como fuente original.

3 Caliente una sartén o plancha ligeramente aceitada a fuego medio-alto. Coloque el batido en la plancha con una taza de medir de 1/4 de taza. Cuando las burbujas aparecen en la superficie de las tortitas se vuelven al otro lado. Cocine en el otro lado hasta que esté dorado. Servir caliente con opción de aderezo y guarnición.

Ensalada de aguacate y pepino

Ingredientes

2 aguacates, cortados en cubitos

1 libra de tomates, cortados en cubitos

1 pepino inglés, cortado en cubitos

½ cebolla roja mediana, picada

2 cucharadas de jugo de limón o lima

1/8 cucharadita de ralladura de limón o al gusto

Sal al gusto

Pimienta blanca recién rajada al gusto

2 cucharadas de aceite de aguacate o aceite de oliva)

Gran puñado de hojas de cilantro, picado o elección de hierba (opcional)

Direcciones

Pasos

1 Coloque los tomates picados, el pepino, la cebolla roja, el aguacate cortado en cubitos y el cilantro en una ensaladera grande. Rocíe con aceite de aguacate y jugo de limón. Mezcle suavemente para combinar.

La receta de A. Kh'an en este libro 'Avocado Cook Book' está protegida por derechos de autor. Si quieres compartir esta receta en internet o en cualquier medio. Por favor, vuelva a escribir la receta y mencione este libro como fuente original.

2 Justo antes de servir, sazone con ralladura de limón, sal y pimienta blanca, mezcle y sirva con pan crujiente con mantequilla.

Aguacate Thai Pollo al curry verde

Ingredientes

1 aguacate pequeño

1 libra de muslos de pollo deshuesados sin piel, cortados en tiras finas

1 taza de cebolla picada

1 pimiento verde grande, cortado en tiras

1 cucharadita de pasta de curry verde tailandés o al gusto (disponible en tiendas asiáticas)

1 (14-oz) puede leche de coco sin azúcar

2 cucharaditas de salsa de pescado (opcional)

¼ taza de albahaca fresca, picada, más para decorar

2 cucharadas de jugo de lima fresco, más cuñas para decorar

1 cucharada de aceite vegetal

Pimienta blanca molida al gusto

Pimientos rojos a gusto

Arroz al vapor para servir

Direcciones

Pasos

1 Caliente el aceite en una sartén grande a fuego medio. Agregue la cebolla y la pasta de curry; cocine hasta que la cebolla se ablande, aproximadamente 2 minutos. Agregue leche de coco y salsa de pescado; Hervirlo. Agregue el pollo y el pimiento; cocine hasta que el pollo esté cocido.

2 Mientras tanto, machaque el aguacate con jugo de lima, cuele a través de un colador.

3 Retire el pollo y el pimiento con una espumadera y transfiéralo a un lazo para servir.

La receta de A. Kh'an en este libro 'Avocado Cook Book' está protegida por derechos de autor. Si quieres compartir esta receta en internet o en cualquier medio. Por favor, vuelva a escribir la receta y mencione este libro como fuente original.

4 Doble suavemente la pasta de aguacate en la sartén, hasta que esté bien combinada.

5 Agregue la albahaca picada. Sazone al gusto con sal y pimienta. Sirva sobre arroz llano al vapor con rodajas de lima.

Sopa de lentejas de aguacate

Ingredientes

1 taza de aguacate picado

1/2 taza de lentejas de guisante verde partidas, preferiblemente remojadas durante 1 hora

1 cebolla amarilla pequeña o chalote, finamente picado

2 dientes de ajo picados

1 taza de almendras troceadas

2 1/2 tazas de caldo de verduras

1 manojo de cilantro fresco o un pequeño racimo de eneldo o una selección de hierbas frescas, sabor y más para decorar

Sal y pimienta blanca, sabor

Zumo y ralladura de 1 limón

2 cucharadas de aceite de aguacate o aceite de oliva, más para decorar

Direcciones

Pasos

1 Enjuague las lentejas. coloque en una olla de salsa con 2 tazas de agua y una pizca de sal. Llevar a ebullición, escatimar cualquier forma, reducir y cocinar a fuego lento durante 18-20 minutos, o hasta que esté al dente. Escurra el exceso de agua y enjuague las lentejas. Dejar de lado.

2 Caliente el aceite en una cacerola, agregue el ajo y la cebolla y saltee a fuego lento hasta que esté suave y fragante, revolviendo con frecuencia. Agregue las almendras y cocine hasta que las almendras estén un poco tostadas, de 5 a 8 minutos.

3 Mientras tanto, machaque el aguacate con jugo de limón y una pizca de sal, hasta que quede suave. Pasar por un tamiz Dejar de lado.

La receta de A. Kh'an en este libro 'Avocado Cook Book' está protegida por derechos de autor. Si quieres compartir esta receta en internet o en cualquier medio. Por favor, vuelva a escribir la receta y mencione este libro como fuente original.

4 Agregue puré de aguacate y lentejas, y almacene en la cacerola, deje que hierva y cocine a fuego lento durante 2-3 minutos, revuelva para combinar. Revuelva las hierbas frescas a la sopa. Deje que se enfríe lo suficiente como para manejarlo.

5 Procese la mezcla de sopa en un procesador de alimentos, hasta obtener una consistencia suave o deseada. Sazonar con sal y pimienta blanca. Adorne con ralladura de limón, hierbas frescas y un chorrito de aceite de aguacate.

Notas: Las lentejas se pueden servir sobre arroz al vapor o con pan naan - omita el paso 5

Índice

27 Mash de aguacate y coliflor

28 Chile de pollo y aguacate

29 Sopa de pollo y tortilla de aguacate

30 huevos rellenos de aguacate

31 Tarta de aguacate y pollo

32 Pan de Calabacín y Aguacate

33 papas Hassel-back de aguacate y ajo

34 Pasta de aguacate al pesto

35 Dip de cangrejo de aguacate

36 Bebida de batido de aguacate

37 panqueques de aguacate

38 Lanzamiento de aguacate y pepino

39 Aguacate tailandés verde pollo al curry

40 Sopa de lentejas de aguacate

Esta es la traducción del libro de cocina 'Avocado CookBook'
Primera publicación el 18 de diciembre de 2017

Printed in Great Britain
by Amazon